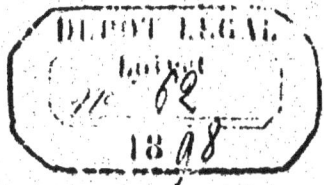

DAMMARIE-EN-PUISAYE

✳

CHATEAU & SEIGNEURIE

✳

GÉNÉALOGIE DESCRIPTIVE

G. DE RUBERCY

LA SEIGNEURIE

DE

Dammarie-en-Puisaye

ORLÉANS

IMPRIMERIE GEORGES MICHAU ET Cie

9, rue de la Vieille-Poterie, 9

1898

I

LE CHATEAU

Sur la rive droite de la Loire, à hauteur environ de Briare ou de Châtillon, après avoir parcouru cinq à six kilomètres d'un plateau monotone, surgit tout à coup, en arrière des plis du terrain, le sommet d'un vieux donjon, qui de ce côté domine les abords des grands bois de la Puisaye (1).

C'est la tour de Dammarie.

Puis, le plateau s'abaisse dans un étroit vallonnement. De là apparaissent les murs du village.

Bientôt se dressent des toits élancés, aux flèches

---

(1) *La Puisaye* est une désignation de lieu caractérisée plutôt par la nature du sol que par des limites qui n'ont jamais été bien définies. Aujourd'hui on entend par pays de Puisaye le canton de Briare et une notable portion des cantons de Gien et de Châtillon-sur-Loing dans le Loiret, avec une bonne partie sud-ouest du département de l'Yonne.

C'est ainsi que, dans l'Orléanais et le Berry, des contrées ont gardé les appellations locales et distinctives de Gatinais, de Sologne, de Beauce.

Dom Morin a voulu attribuer à la Puisaye une délimitation que rien ne corrobore et qui est purement hypothétique. A croire le docte abbé de Fougères, la Puisaye se serait étendue jusque vers Pithiviers et Corbeil. Il empiétait ainsi sur menaçantes, sous la tutelle de leur magistrale et pesante tour. Le château se dessine et présente son entrée seigneuriale.

Sur la droite, le fier donjon est drapé dans un vaste manteau de lierre. A ses pieds émergent, du fond des fossés d'enceinte, des massifs d'arbres qui cachent en partie les murs crénelés et percés çà et là de meurtrières. Plus près, une tour, reliée au donjon, défend une sorte de passage profond en forme de poterne. Ici le polygone change de façade et nous sommes vis-à-vis le joli portail aux puissantes tours jumelles, entre lesquelles s'abaisse le pont-levis qui enjambe le fossé et donne accès à une voûte, jadis à clôture de herse. Au frontispice d'entrée apparaît en relief une sculpture représentant un chevalier en armes et chevauchant, sans doute un sire de Courtenay, car on lit en exergue un blason aux trois besants de Courtenay et, sur la housse du palefroi, les trois écus de Colligny, avec ce cri de haro : *Et puisoye ! Et puisoye ! Et puisoye !*

le Gatinais qui d'ailleurs a une certaine analogie de sol marécageux avec la Puisaye.

Puisaye doit être une corruption du mot *Poisaie*. — On trouve ce mot écrit dans une charte de 1147 concernant la maison de Toucy (Yonne). En langage du pays, *poiser* veut dire marcher dans la boue. — On appelle parfois les gens de la contrée *poïodains*. (V. Bullet. Doy. de Vallois. *Bulletin de la Soc. des Sc. hist. et nat. de l'Yonne*, 4e vol.)

Cette étymologie du mot Puisaye paraît plus rationnelle que l'hypothèse de quelques érudits la dérivant du celte. — Peut-être, aussi, le mot de pays *poiser* est-il lui-même une corruption d'une expression celtique.

Regardant sur la gauche cet appareil féodal, vraisemblablement des débuts du xiii° siècle, on aperçoit largement la partie principale du château, ajourée de belles fenêtres hautes et régulières, le tout dominant à pic le large fossé d'enceinte. Une grosse tour d'angle termine cette façade. Plus loin, c'est encore une tour à demi rasée qui aide aux vieux murs à soutenir la terrasse intérieure. En retrait du vaste hémicycle que nous décrivons, les vestiges d'une dernière tour s'ensevelissent finalement dans des terres rapportées. Là se termine maintenant l'enceinte.

La cour intérieure avec ses dépendances et ses parterres semble relativement restreinte. Il y a même un sentiment d'étonnement en apercevant, à quelques dizaines de mètres à peine du château, les grands murs de l'église formant comme un fond de clôture. Bien que le niveau de l'église soit sensiblement en contre-bas du château, par le fait sans doute de remblais intermédiaires, il est manifeste que l'édifice faisait anciennement partie intégrante de l'enceinte. Si le fossé extérieur a été comblé en arrière de l'église, ce fut assurément pour en faciliter les abords, car il est aisé de reconnaître dans le prolongement de l'axe d'entrée du château une double rangée de vieux arbres indiquant, selon toute apparence, un passage étroit qui devait alors y donner accès en travers du fossé. Certains indices d'anciennes ouvertures dans les murailles paraissent d'ailleurs corroborer cette opinion. La façade intérieure du château n'a pas le bel aspect qui s'impose du dehors, néanmoins on remarque de beaux contreforts et un perron large mais peu élevé.

Pour compléter cet aperçu général, sur lequel il conviendra de revenir pour certains détails dignes d'intérêt, signalons la situation du château placé comme en diadème au haut d'un tertre et dominant un vallon que sillonne un ru (suivant une expression de la Puisaye) lequel, dénommé le Rhain, est tributaire d'étangs et du canal de Briare.

Les maisons du village sont groupées près du château, en quelque sorte aux pieds du majestueux donjon. Parmi elles, l'on distingue une construction vieille, originale, à la base large et carrée, au toit fuyant demesurément, aux épaisses murailles, à curieux chapiteaux d'angle. Ses arcatures, ses voûtes, ses ouvertures inégales et singulières sembleraient indiquer la résidence du vieux prieuré dont il sera fait mention. Toutefois, il est constant que ce bâtiment servit jadis de grange à dîmes.

Le château de Dammarie (1) est aujourd'hui habité

---

(1) *Dammarie*, que l'on trouve écrit dans les chartes *Danemarie*, *Demptemarie*, *Dampnemarie*, etc. signifie, malgré ces divergences d'orthographe, *Dame Marie*, c'est-à-dire le vocable de la Vierge. M. d'Arbois de Jubainville a bien voulu nous confirmer dans cette opinion. En effet, les mots *dam*, *damp*, *dempt*, *done*, *don*, *dente* concordent avec les expressions phoniques des divers patois.

La désignation de lieu de Dammarie est d'ailleurs assez répandue en France. Nous trouvons Dame-Marie, dans l'Eure;

par la famille Le Filleul de Longthuit, qui le possède depuis l'année 1838. Cette belle demeure, qui a gardé avec des restaurations successives et relativement récentes son cachet féodal, a été le lieu d'une importante seigneurie dont il nous a paru curieux de rechercher les traces.

Dame-Marie, dans l'Orne; Dame-Marie-des-Bois, dans l'Indre-et-Loire ; Dammarie, dans la Meuse ; Dammarie-les-Lys, en Seine-et-Marne : Dammarie-sur-Loing, en Loiret et distant d'une vingtaine de kilomètres seulement de Dammarie-en Puisaye.

Dammarie-en-Puisaye compte 600 habitants environ. C'est une des communes extrêmes du département du Loiret, proche le département de l'Yonne ; elle fait partie du canton de Briare, arrondissement de Gien.

II

GÉNÉALOGIE DESCRIPTIVE

DE LA

SEIGNEURIE

——

Dans son *Hist..re d'Auxerre*, l'érudit abbé Lebœuf cite saint Aunaire (1), dix-huitième évêque du
diocèse (572 à 603), comme ayant reçu de sa famille,
entre autres fiefs, celui de *Dammarie-en-Puisaye*.
Tel est pour nous le premier témoignage d'ancienneté d'origine de la seigneurie. Il est sans doute
remarquable et précieux.

Dès ce temps-là, Dammarie possédait un prieuré.
Les moines qui le desservaient venaient de l'abbaye
de Bonny, située à deux lieues de là et dont il reste
encore quelques vestiges (2).

Dans un vieux pouillé d'Auxerre, daté du xv^e
siècle et transcrit, en 1535, par Laurent Brethel, cer-
tifié par lui conforme, nous avons pu relever telles

(1) Saint Aunaire était le frère de saint Austrène, évêque
d'Orléans, tous deux oncles de saint Loup, archevêque de Sens.
(2) V. *Hist. d'Aux.* Abbé LEBŒUF, 4e vol., p. 308.

citations latines concernant Dammarie : « *Ad tute-
lam sui gregis praecepit Sanctus Aunacharius ut
rogationes faciant in mense Januario die 18,
Novus vicus* (1) *cum suis, Brivoderus cum suis,
Giemus cum suis..... inter prioratos exemptos
Prior de Boniaco, Prior de Domna Maria.* » Et
ailleurs : « *Ecclesiae pariochales pleno jure ad
collationem Episcopi Autorsioderensis sunt Da-
maria* ». Et encore : « *Ad praesentationem Priores de Boniaco, Damna Maria* ».

D'après le Cartulaire de Kersy, avant le x⁰ siècle,
la Puisaye ne possédait pas encore d'organisa-
tion féodale, soit que ce pays fût resté en dehors des
agitations des premiers temps du moyen âge, soit
que les habitants fussent demeurés sous la tutelle
protectrice de l'Église. D'où il serait assez vraisemblable de croire que le fief de Dammarie resta l'apa-
nage des évêques d'Auxerre jusqu'à la fin du
xii⁰ siècle, époque depuis laquelle nous pouvons
établir une généalogie presque continue des déten-
teurs de cette seigneurie.

Assurément, la lecture de ce travail sera quelque
peu aride. Certaine légende, les sires de Coligny, un
combat au xvii⁰ siècle sur les confins de la seigneurie, l'éloge de Fraguier l'Académicien, rompcront
la monotonie et donneront à son temps leur intérêt,
mais nous n'avons pas voulu user de commen-
taires hypothétiques et, malgré la sécheresse impo-

---

(1) Novoy, Briare, Gien, Bonny, Dammarie.

sée des généalogies, nous nous sommes fait l'esclave
de nos documents. Notre sujet n'a d'autre but que
de les classer et de les révéler.

NARJOD DE FEINS

Le cartulaire de Fleury-Saint-Benoît-sur-Loire
mentionne les fiefs de Dammarie et Batilly-en-
Puisaye (*Damna Maria, Batiliacum*) comme appartenant, en 1234, à Narjod de Feins.

La seigneurie de Feins (*fines Senonum*) avait
pour résidence un vaste château féodal, dénommé
La Bergerie, dont on ne retrouve que les bases de
l'enceinte. Les seigneurs du lieu appartenaient à
une famille qui jouissait, dès les premiers temps du
moyen âge, d'une grande réputation de noblesse et
de fortune. Ils étaient sans doute quelques vavasseurs
des comtes de Bar ou de Champagne.

Dans la *Gallia christiana* (tome III, p. 228)
nous lisons : *Quaedam commutavit cum Stephano,
domino de Fenis, anno* 1208.

Guillaume de Tyr signale, dans sa *Franciade
orientale*, Narjod de Feins comme ayant pris part à
la septième croisade avec son écuyer Etienne de l'Isle.

Bernard de Sully, soixantième évêque d'Auxerre
(1234-1244), ratifia un marché passé entre son chapitre d'une part, Bernard d'Autry et Elysonde sa
femme, le chevalier Odon Scipion Narjod de Feins
et son écuyer Etienne de l'Isle, en raison d'une
vente consentie audit chapitre des dîmes paroissiales

de Thou, Dammarie et Batilly-en-Puisaye. (*Histoire d'Auxerre*, par M. Challes).

Une charte de Guy de Sully, qui succéda à Bernard, atteste, en 1244, le bail des dîmes de Dammarie fait au curé du lieu pour sept setiers et demi de froment et huit muids par moitié seigle et avoine (*Archives de l'Yonne*, A. 1926.)

Dans les *Mémoires d'Auxerre* de l'abbé Lebœuf, (p. 308, vol. 4), nous lisons: « *Ex registris* « *magistri Laurentii Brelhel, quodam a secretis* « *Johannis Baillet, Episcopi Autorsioderensis,* « *actum Autorsioderense anno Domini MDXXXV* « *mensibus Octobris, Novembris et Décembris et* « *reliquis sequentibus liquet hoc traditio :* « *Ecclesiae pariochales diocesoras Autorsiode-* « *renses quae sunt ad praesentationem priores* « *a Boniaco sunt... Damma Maria in Puisaia* « *quae debet, etc.*

Une quittance est donnée par Narjod de Feins, en 1284, de la somme de cinq cents livres parisis à lui payées par le chapitre pour les dîmes de Dammarie et de Batilly.

Enfin une charte du 31 octobre 1375 confirme qu'en début du XIIIᵉ siècle, Narjod de Feins était possesseur du fief de Dammarie et Batilly-en-Puisaye (1).

L'ensemble de ces documents démontre d'une façon irrécusable les droits des seigneurs de Feins sur Dammarie. Combien de temps dura-t-elle? Ici, une

(1) *Archives privées du château de Dammarie.*

lacune se produit dans nos investigations. La lignée mâle des de Feins dut s'éteindre de bonne heure, car il n'en est plus trouvé trace dans l'histoire.

Cependant Narjod de Feins n'aurait-il pas été le créateur de la forteresse féodale de Dammarie? Cette hypothèse parait d'autant plus vraisemblable que la construction primitive du château caractérise nettement cette époque.

Le premier indice seigneurial du lieu devait être la tour dite de la Natte, située à quelque distance du château actuel. Or les bases de cette tour, déjà renversée en 1378 d'après nos archives, subsistent seules et révèlent un appareil romain. Il n'y aurait rien d'étonnant à ce qu'elle eût été la première tour seigneuriale du fief, au temps de saint Aunaire.

Le majestueux donjon dont nous avons parlé semble avoir été primitivement l'habitation seigneuriale du château. Cette grosse tour, de forme ronde, a trente-trois mètres de hauteur et son périmètre à la base est d'égale mesure. Cinq étages la divisent, dont deux renferment de belles salles avec haut foyer. Des voûtes ogivales à nervure se relient au sommet. A même l'épaisseur du mur qui est d'au moins trois mètres, l'escalier se contourne en spirale jusqu'à la terrasse supérieure, ceinte de vingt-quatre machicoulis. De là un panorama superbe se développe jusqu'au-delà de la Loire, vers le Sancerrois. A l'époque où ces tours servaient à la relation des signaux, le donjon de Dammarie

pouvait indiquer ses feux jusqu'à Châtillon-sur-
Loire et d'autre part à Sancerre. Il est probable
qu'au xviiie siècle, on y installa un télégraphe à
bras, car des embases de charpente semblent l'indiquer.

Les six autres tours du château datent de la
même époque que le donjon principal. Tout cet
appareil de défense a été l'œuvre indubitable d'un
puissant seigneur, et il est présumable que Narjod
de Feins ou l'un des siens en fut l'auteur, étant
donné la concordance de style et d'époque.

XIIIᵉ
et XIVᵉ siècles

LES COMTES DE SANCERRE (1)

D'après une charte, datée du 5 avril 1370,
contenant vente par Jehanne de Villebéon à
Nicolas Braque, Jehanne, dame de Baudainville
déclare tenir sa terre de Dammarie-en-Puisaye du
comté de Sancerre. Un aveu de même date, relevé
aux archives du château, atteste le même fait.

Or, depuis Narjod, nous voyons se succéder, au
comté de Sancerre, Etienne II (1283 à 1306), Jean II,
qui épousa d'abord Joye de Beaumé, puis Isabeau de
Rosny (1306 à 1336), Louis Iᵉʳ, qui épousa Béatrix de
Roucy et périt à Crécy (1336). Son fils Jean III, fait
prisonnier à Poitiers (1356), à l'âge de 22 ans,
recouvra sa liberté sous serment, puis il eut à lutter
contre les Grandes Compagnies qui s'étaient réfu-

(1) Les comtes de Sancerre étaient issus des Maisons de
Champagne, d'Auvergne et de Bouil (Chanoine Hubert).

giées à La Charité, sous la conduite de leur chef
John Aymery.

Ces bandes de pillards, que l'on dénommait alors
les compagnons tenant route, voulurent s'emparer
du château de Sancerre. En représailles de leur
échec, John Aymery se dirigea sur Dammarie et
se cantonna dans le château. Des lettres royales,
datées du 3 juillet 1363 à Troyes-sur-Seine, pro-
mettent une prime de 3,700 livres à quiconque
chasserait les vagabonds des abords de la Loire et
de la Seine, et notamment ceux qui étaient cantonnés
dans les pays de Dammarie-en-Puisaye et d'Arcis-sur-
Aube (*Histoire d'Auxerre*, par Challes, p. 313).

Il fallut Duguesclin pour avoir raison de tous ces
pillards d'aventure (1366).

JEHANNE DE VILLEBÉON, DAME DE BAUDAINVILLE ET DE DAMMARIE-EN-PUISAYE

XIVe siècle.

Par acte de vente du 5 avril 1370, Jehanne vendit
à Nicolas Braque, seigneur de Châtillon-sur-Loing
et de Saint-Maurice-sur-Aveyron, l'étang de *La
Balorde* (Balourde) et l'étang inférieur dit *l'estang
aux Moines*, puis l'étang *du moulin Martineau*
bannier, et en outre un *laborage* (labourage) avec
une grange sise à la queue de l'étang dit du *Beau
Rain*. Elle cède par le même ses droits de justice,
fiefs et mouvances qu'elle disait tenir du comte de
Sancerre (de Jean III de Sancerre sans doute)
lesquels à foy et hommage moyennant 350 livres d'or.

Jehanne de Villebéon descendait de Pierre de

Nemours de Villebéon, ministre d'État sous saint Louis. Celui-ci, né en 1210, fut croisé en 1249 et 1278. Le roi le nomma son exécuteur testamentaire, de concert avec Philippe le Hardi et le comte de Vendôme.

JEHAN SALADIN D'ANGLURE

Par suite d'une transaction (13 août 1375) intervenue entre Jehan Saladin d'Anglure et les dames religieuses du couvent de Saint-Antoine de Paris, il ressort que le fief de Dammarie était passé en la possession dudit Saladin.

En effet, dans l'acte dont s'agit, d'une part, figurent Jehan Saladin, escuiyer, seigneur de Dammarie-en-Puisaye et de Baudainville (représentant la part de Jehanne de Villebéon); d'autre part, les religieuses pour une affaire de cent sous parisis de rente qu'elles se disaient avoir droit de prélever, le jour de Saint Remy, sur tous les cens de Dammarie « qui fut à noble homme Messire Narjod de Feins, seigneur dudict lieu de Dame Marie et sont à présent audit Salehadin, sous peine de cinq souls tournois par chacun jour que deffaut y auroit du paiement » (1).

Ce Jehan Saladin d'Anglure descend d'un personnage assez légendaire. Des versions diverses ont été émises sur l'origine et la singularité du nom. Le plus ancien texte connu qui parle de cette famille est un éloge d'Anne d'Anglure, dénommé le *Brave*

---

(1) *Archives du château de Dammarie*, pièce curieuse.

Guerrier, seigneur de Givry. Ce texte, imprimé en 1594, a été composé en latin par Papire Masson.

Les d'Anglure étaient originaires de Brie, près de Sézauneau ; leur nom venait de la situation bizarre de leur château qui formait comme un angle dans un îlot de l'Aube. De là, leur blason portant des découpures d'angle ou anglure. On cite un d'Anglure comme ayant pris part à la première croisade avec Godefroy de Bouillon.

Oger de Saint-Chéron, originaire de Champagne, aurait épousé Helvide d'Anglure, d'où le nom ajouté de Saint-Chéron d'Anglure. Celui-ci prit part également aux croisades, à la quatrième ou cinquième. Prisonnier du second Saladin, il dut sa liberté, sous caution, à l'héroïsme qu'il avait montré en combattant, mais la rançon exigée par le Soudan était telle qu'il ne pouvait la fournir, et il offrit d'aller la chercher en France sur sa foi de chevalier chrétien.

Ici commence la légende. Vallet de Viriville, dans l'armorial du héraut Berry, la discute assez victorieusement. Nous en extrayons la relation principale du *Giornale Araldico* (1881-82, fasc. IX, p. 167 à 174). Elle vaut ce que vaut toute légende, surtout à l'époque où *l'Orden de chevalerie* se propageait avec succès.

De retour au manoir d'Anglure, Oger de Saint-Chéron, défiguré par les fatigues du long voyage, est méconnu de ses gens et plusieurs fois éconduit. Le château était alors en fêtes, car Helvide, se

croyant veuve après une telle absence, s'apprêtait
à convoler en d'autres noces.

Sans doute les chants du troubadour avaient déjà
calmé le désespoir et les pleurs, mais Oger survient
à temps et, la rage au cœur, il montre la partie de
l'anneau qu'au départ il avait séparée avec l'épouse.
Reconnu, fêté, il rentre en maître au gynécée.

Le fatal délai expire, Oger repart. Nouveau Régulus (1), il retourne en Orient, n'ayant pu compléter
sa rançon. Le Saladin, frappé de cette loyauté che-
valeresque, loin de le mettre aux fers, le comble
d'honneur et de présents. Devant cette fidélité et
cette droiture digne d'un preux, la fierté du Soudan fut magnanime, et sur le champ il rendit libre le
brave Oger, mais sous cette réserve: que les aînés de
sa Maison porteraient le nom de Saladin (2) et que le
blason d'Anglure serait semé de grillets (grelots) et
du croissant, en mémoire du symbole d'Orient et du
harnachement de son cheval de guerre.

La chronique ajoute qu'Oger revint alors avec
une femme maure, dont il s'était épris et dont un
fils prit le nom de Saladin ; d'où les mémoires dési-
nent ce Saladin, *fils de la maure*, pour le distinguer
des autres enfants d'Oger avec Helvide. Ils en eurent
quatre : Jehan d'Anglure, mort en 1301 ; Oger II,

(1). Il a été surnommé le Régulus français.
(2). Le surnom de Saladin, suivant d'autres critiques, devrait
venir tout simplement de Salade (sorte de casque) de même
que l'on trouve les noms de Gambard, Cuissard, etc..., comme
l'usage était fréquent jadis de ces surnoms de guerre.

Ancelin qui fut d'église et Salhadin (1314) le premier de la lignée légitime connu de ce nom. Celui-ci eut lui-même pour fils Oger III et Jehan Salhadin d'Anglure, seigneur de Dammarie, dont il vient d'être fait mention plus haut, dans l'acte de vente du 13 août 1375.

Jehan d'Anglure était âgé de plus d'une soixantaine d'années, lorsqu'il se rendit acquéreur de la seigneurie de Dammarie. Il ne paraît pas, d'ailleurs, l'avoir détenue longtemps, car, par un acte de vente du 28 novembre 1378, il céda « sa terre et le chastel de Damptemarie avec la forteresse de la Natte tout abattue à Messire Nicolas Braque, chevalier et maîstre d'hostel ordinaire du roy Charles V, en échange de la forteresse de Dolot ». (*Archives privées de Dammarie*).

MAISON DE BRAQUE

D'après les documents qui précèdent, il résulte que Jehanne de Villebéon s'était empressée de se dessaisir de son fief de Dammarie, après l'avoir reçu du comte de Sancerre. En 1370, Jehanne vend déjà une partie de la seigneurie à Nicolas Braque. Cinq ans après, la seigneurie passe aux mains de Saladin d'Anglure, lequel au bout de trois ans la cède à Nicolas Braque qui en devint ainsi unique détenteur.

Il fit rachat aux religieuses de Saint-Antoine de Paris, moyennant quatre-vingts livres, de cette rente de 60 sous parisis (1) dont il a été fait mention.

(1). La rente avait été réduite à cette somme à la suite du procès. V. *Archives privées de Dammarie.*

Nicolas Braque mourut le 13 janvier 1388, date indiquée dans dom Morin de Ferrières. Son fils Jean de Braque lui succéda, puis Blanchet de Braque, qu'il ne faut pas confondre avec Jean son père, lequel avait déjà quelque figure dans la carrière des armes lorsqu'il devint seigneur de Dammarie.

Ce Blanchet de Braque est ainsi qualifié dans un arrêt de 1399 : « *Blanchetus miles, filius defuncti Johannis Braque contra Johannam uxorem quodam defuncti Petri Braque* » (d'Hozier).

Certains mémoires citent une montre du 28 juillet 1392, date de sa réception au Mans à titre d'écuyer avec cinq gentilshommes au service du maréchal Boucicault. Par un compte d'Arnal Boucher, trésorier de guerre, l'on voit qu'il fut payé, dès le lendemain, des gages de son nouvel emploi. Le roi lui avait donné (lettres du 29 décembre 1411) la charge et le commandement de 60 hommes d'armes et de 40 hommes de traits pour les mettre à sa discrétion dans les forteresses de Châtillon, de Saint-Maurice-sur-Aveyron, de Sept-Fonds, de Dammarie-en-Puisaye et de Courcelles-le-Roi. Ces places avaient été jugées les plus importantes pour tenir en respect les ennemis du roi, alors cantonnés à Montargis et à Gien.

Blanchet de Braque avait épousé, en 1396, Jehanne de Châtillon, fille de Gaucher VI de Châtillon et d'Allemande Flotte de Revel.

De ce mariage, il n'y eut qu'une fille unique, Jehanne de Braque, qui, par ses mariages successifs, transmit en dot, entre autres terres et seigneuries, le fief de Dammarie à d'illustres maisons, ainsi que nous allons le voir.

JEHAN DE L'HOPITAL

En premières noces, Jehanne de Braque épousa (vers 1400) Jehan de l'Hôpital, lequel mourut peu après son mariage, en sorte que c'est simplement pour mémoire chronologique que nous signalerons le passage de ce seigneur comme ayant possédé le fief de Dammarie-en-Puisaye, par le fait de son alliance.

MAISON DE COURTENAY

Jehanne se remaria le 17 mai 1405 avec Pierre III de Courtenay (1), chambellan de Charles VI, seigneur de Champignelles et Saint-Brisson. Il était allié à la Maison de France par sa descendance d'Elizabeth de Courtenay qui avait épousé, en 1150, Pierre de France, sixième fils de Louis le Gros.

Du second mariage de Jehanne de Braque avec Pierre de Courtenay, naquit Jean IV, seigneur de Sept-Fonds, Champignelles, Dammarie-en-Puisaye et autres lieux. Mais au bout de six ans de mariage, Pierre de Courtenay étant venu à mourir, Jehanne convola en troisièmes noces avec son beau-frère

(1). Pierre III de Courtenay, descendant de Pierre II de Courtenay, élu empereur de Constantinople par les Croisés en 1217. Il ne put prendre possession de sa couronne et mourut prisonnier de son compétiteur Lascaris (1218).

Jean II de Courtenay, dit Lourdun de Saligny, d'où naquit une fille unique Catherine.

Jean IV de Courtenay était encore mineur, et sa tutelle était entre les mains de son beau-père et oncle tout à la fois. Ce dernier décéda avant la majorité de son pupille. Comme, à cette époque de la guerre de Cent ans, les Anglais envahissaient les abords de la Loire, le roi fit occuper militairement et d'office par des gens de guerre les biens de Jean IV, qui était incapable de les défendre. Or ces gardes empêchaient tous prélèvements sur les revenus, et Jehanne de Braque de Courtenay fut obligée de recourir à l'entremise d'Arthur de Bretagne, grand connétable de France, pour obtenir mainlevée de la saisie, sans autre condition qu'un serment de fidélité. Par une charte, datée, à Poitiers, du 6 septembre 1425, Charles VII remit à Jehanne la garde des seigneuries qu'elle détenait.

Jean IV, devenu majeur, seigneur de Dammarie et autres lieux, dissipa ses biens dans une vie de débauche. Il vendit successivement douze châteaux et en arriva à ce point qu'on le désignait sous le nom Jean-sans-Terres, « n'ayant plus, dit M. Bouchet, de quoi se mettre à couvert. »

Il avait épousé sa cousine Isabeau de Châtillon (1435), fille de l'amiral. Celle-ci mourut jeune et sans enfant. Jean (1) se remaria avec Marguerite David,

(1). Il eut de Jehanne de la Brosse deux enfants naturels, Pierre du Chesne et de Chancy et Laurence, tous deux légitimés par Charles VIII, à Lyon (en janvier 1497).

veuve de La Hire, sire de Vignolles. Comment expliquer que cette femme ait préféré renier un nom glorieux pour prendre ensuite comme compagnon un débauché, qui ne lui donna même pas un enfant ?

D'autre part, Catherine de Courtenay-Saligny épousa, le 12 juin 1437, Guillaume II de Coligny. Catherine eut sept enfants : Jean III, Jacques dit Lourdun, Renauld, Jacques, Antoine, Marie et Louise. Elle mourut en 1449 et fut enterrée à l'abbaye du Miroir, dans la chapelle funéraire des Coligny.

Jehanne de Braque de Courtenay avait survécu à son troisième époux. A sa mort (1451), un acte de partage fut fait devant Guillaume Carré, garde prévôt de Montargis, entre Jean IV de Courtenay et Guillaume de Coligny.

A Jean IV de Courtenay échurent les terres de Champignelles, de Courcelles-le-Roi et certains vignobles de la châtellenie de Montargis.

Aux enfants de Guillaume de Coligny, gendre de Jehanne de Braque de Courtenay, revinrent Dammarie-en-Puisaye et autres lieux.

Mais, peu après ce partage, une transaction intervint, le 31 janvier 1451, entre les deux beaux-frères, précisément à propos du fief de Dammarie.

Finalement, par un dernier compromis du 21 janvier 1471, Jean IV de Courtenay « délaisse totale-« ment à Guillaume de Coligny, pour ses enfants, « les lieux et justices de Damptemarie, ses apparte-« nances et dépendances, ensemble tous les droits, « noms, actions, raisons, propriétés, possessions

« qu'il pouvait avoir par le moyen des accords e
« conventions susdites et autres faits entre lui e
« dame Jehanne de Braque, veuve de Courtenay
« Lourdun de Saligny. Le tout en considération de
« la bonne amitié qu'il lui portait et puisqu'il n'avait
« pas eu d'enfant de feu Marguerite David, sa seconde
« femme. Et moyennant quoi, Colligny baille et assi-
« gne audit sieur de Courtenay, sieur de Saint-
« Brisson et autres lieux, sa vie durant, la somme
« de quatre-vingts livres tournois de rente à prendre
« sur tous et chacun de ses biens. » Ledit acte est
au chartrier de Dammarie et est marqué du sceau
de la châtellenie de Châtillon-sur-Loing.

Ainsi la seigneurie de Dammarie passe en la possession de la maison de Coligny. Elle va s'y maintenir pendant cent quatre-vingt et un ans (1451-1632).

XVe, XVIe
et XVIIe siècles

MAISON DE COLIGNY

Guillaume II de Coligny est celui qui combattit,
pendant la guerre de Cent ans, à côté de Louis de
Châlons, prince d'Orange. Il fut fait prisonnier au
combat d'Authon, près Chartres (1430), et il ne dut
sa liberté qu'à un échec du Prince Noir, ce qui per-
mit aux siens de le délivrer.

Il substitua, par son testament du 24 août 1457,
son quatrième fils, Jacques, au second dénommé
Jacques Lourdun dans tous les biens de la Maison
de Courtenay « à condition de porter le nom, surnom, cry et armes des Saligny, qui sont de gueule
à trois tours d'argent ».

Jacques de Saligny fut élevé avec le duc de Bourbon Jean II. Il mourut jeune et sans postérité, en
sorte que le fief de Dammarie passa à l'aîné de la
famille, Jean III de Coligny.

« Ce fut le premier de sa Maison, dit le père An-
selme (liv. VII, p. 151), qui vint établir sa demeure
en France, à cause des grands biens qu'il y possédait. » Sans doute il faut entendre ainsi le fait
d'avoir établi sa résidence à Châtillon, qui n'était
pas en pays conquis par les Anglais, car l'origine
des Coligny n'est point étrangère. C'étaient des
vavasseurs des comtes de Bourgogne, et ils avaient
le nom de Coligny d'un lieu situé précisément à
la limite de ce Comté.

Du château de Châtillon, il ne reste qu'une tour
octogonale de 27 mètres d'élévation et deux vestiges
d'autres tours.

Jean III de Coligny, seigneur de Châtillon et
d'Andelot, épousa, le 30 décembre 1452, Eléonore
de Courcelles, fille de Pierre de Courcelles, seigneur
de Tanlay. Il avait assigné à sa femme un
douaire de 400 livres « durant la vie d'icelle tant
seulement avecque son chasteau ou maison forte et
ses appartenances pour la demeure d'icelle, c'est à
savoir du chastel et appartenances dudict Chastillon
et de Dammarie-en-Puisaye ».

De leur mariage étaient nés cinq enfants, dont
deux fils, Jacques II et Gaspard de Coligny, et trois
filles qui épousèrent, la première, le sire de Menne-
tou ; la seconde Jehanne, le sire d'Aigreville ; la

troisième Louise, d'abord Louis de la Ferté-Huisseau, puis le sire de Lancelot du Lac.

Jean suivit le parti de Louis XI. Il accompagna le roi à Poitiers, en Bourbonnais, en Auvergne, et combattit à Montlhéry (1465). Il mourut vers 1480 et fut enterré à Châtillon.

Notons ici en passant un fait important pour la seigneurie de Dammarie. En effet, il résulte d'une sentence du juge de Gien, du 4 mars 1482, que Dammarie jouissait, à cette époque, des droits de haute basse et moyenne justice ainsi que les lieux de la Natte, la Haye-Passelot, Maletoy (Maillebois) et les plaines, fermes ou hameaux divers de ladite seigneurie. Sans doute ces droits étaient antérieurs à la date indiquée, mais c'est le premier document qui nous l'atteste.

Eléonore, devenue veuve de Jean de Coligny, vendit, par acte du 16 septembre 1486, à un sieur Jacob Jacques une pièce de pré, sise le long de l'étang de la Balourde, à Dammarie, « du costé de la grange à Messire Regnault, moyennant 10 sols tournois de taille et de pollets (poulets) de coutume ».

De son vivant, elle fit certains dons à l'église de Dammarie, fit construire le jubé dans celle de Châtillon et autres libéralités pieuses à l'hospice de Gien et à l'Hôtel-Dieu de Montargis. Dans son testament, qu'elle fit deux ans avant l'époque de sa mort (1510), nous remarquons qu'elle légua à l'église de Dammarie une chasuble, puis cent livres tournois une fois donnés à Jehanne « qui est avec Loyse de Dammarie-en-Puisaye ».

D'où il y a lieu de conclure que le fief de Dammarie était d'ores et déjà assigné en dot à celle-ci. Elle est d'ailleurs dénommée, dans d'autres actes, par ce nom de Louise de Dammarie. Cependant, par son contrat de mariage, Louise se désista de tout droit de succession, au profit de son frère aîné Jacques II de Coligny, « moyennant cinq cents livres tournois et en attendant le payement, par ses mains ou ceux qui par lui seront connus, de tous les deniers et gains ordinaires de la terre et seigneurie de Dammarie-en-Puisaye, prisée et estimée à la somme de douze-vingt livres tournois, jusqu'à ce que dans le temps de cinq ans elle soit payée de ladite somme de cinq mille livres tournois à une fois ou à deux (en une ou deux fois). Témoins Jehan Parent et de La Vigne » (1). Ce contrat fut passé, en 1402, par devant Me Jehan Richard, garde du sel à Châtillon-sur-Loing. Il est intéressant pour se rendre compte de la valeur que pouvait avoir le fief de Dammarie à cette époque.

Jacques de Coligny épousa une fille de la Maison de Chabannes, prit part aux guerres d'Italie, fut chambellan (1495) de Charles VIII et de Louis XII et mourut au siège de Ravennes, sans laisser de pos-

---

1. *Archives privées du château de Dammarie.* En outre, un aveu de 1524 témoigne que Louise de Dammarie, veuve de La Ferté Huisseau et remariée à sire Lancelot, renonce à tous les droits de succession qu'elle pouvait tenir de Jean III de Coligny, son père, et d'Éléonore de Courcelles, sa mère.

térité. Il fut regretté, dit-on, non moins en France qu'à Ferrare.

Gaspard de Coligny, son frère, hérita de ses biens. C'est ce qui résulte d'une vente du 25 juin 1517, consentie par Jehan Estourneau à Gaspard. Un aveu du 3 mai 1519, parmi les nombreux documents du chartrier de Dammarie, est marqué du sceau de Gaspard de Coligny. Le sceau représente l'aigle éployé sans supports, le collier de l'ordre entourant l'écu, le tout surmonté d'un casque en fasce contourné de lambrequins avec cimier en tête de licorne.

Ce Gaspard de Châtillon accompagna Charles VIII en Italie et se distingua à Fornoue (1495). Il participa à la Conférence devant Gonzalve de Cordoue, lieutenant de Ferdinand d'Italie, pour le règlement des terres conquises (1502). Il était à la prise de Canossa. Après la défaite de Cerisolles (1503), il retourna en France jusqu'en avril 1507, puis repartit pour l'Italie avec le roi après la révolte des Génois. Au combat d'Agnadelles (1509), il se signala contre les Vénitiens, puis François Ier l'emmena dans le Milanais.

Pour sa valeur et son mérite, il fut fait maréchal de France au combat de Marignan (1519), ensuite lieutenant général de Guyenne.

Dans la guerre contre Charles-Quint (1521), Gaspard servit en Champagne et en Picardie. Il eut en jouissance toute la principauté d'Orange. Envoyé au secours de Fontarabie, il mourut chemin faisant dans les pays de Gascogne, le 24 août 1522. Ses

restes mortuaires sont à Châtillon. Il avait épousé
Louise de Montmorency, sœur du Connétable. De
son mariage étaient issus cinq enfants : Pierre, qui
mourut en bas âge; Odet, qui devint cardinal de
Beauvais et abbé de Ferrières; Gaspard, le fameux
amiral; François, dit d'Andelot de Coligny, et une
fille qui épousa le sieur de Roye et devint la belle-
mère de Louis de Bourbon, prince de Condé et du
comte de Larochefoucault.

Louise de Montmorency de Coligny, devenue
veuve, étendit le domaine de Dammarie par certaines
acquisitions de terres, dont il est fait mention aux
archives du château.

A sa mort, le fief de Dammarie passe en la possession de l'amiral de Coligny. C'est ce qui ressort,
entre autres documents du chartrier du château,
d'un acte du 12 mars 1550 intervenu entre Gaspard
de Coligny et le curé de Dammarie. Plusieurs baux
d'ailleurs en témoignent : bail du 29 janvier 1551 de
la ferme des Èves à Guy Demenet; bail du 16 octobre même année de la terre de Dammarie audit
Demenet, moyennant 1,100 francs; bail du 27 juin
1557 de la métairie des Jonbarts aux frères Amillez,
moyennant diverses charges; bail du 22 mars 1555
des terres de Dammarie et de Thou à Jehan et Guillaume Thomas, moyennant 2,500 fr.; contrat d'acquisition de la terre des Èves appartenant à Jacques
de Courtenay (1), sieur de Saint-Eusoge, moyennant

(1) Jacques de Courtenay était alors en peine d'argent. Ses
terres étaient hypothéquées. A bout de ressources, il fut con-

1,675 francs. A la suite d'opposition, le prix fut fixé finalement à 1,009 francs.

Ce passage d'un personnage illustre dans la généalogie descriptive de la seigneurie est particulièrement important.

L'amiral de Coligny appartient tellement à l'histoire qu'il ne convient pas d'en commenter le souvenir. Rappelons brièvement qu'il fut le favori d'Henri II et que, devenu le grand chef des Calvinistes, il livra les combats de Saint-Denys, de Jarnac et de Montcontour (1569). Blessé d'un coup de feu à la joue, il revint à Paris. Là, il porta ombrage à Catherine de Médicis et au duc d'Anjou, à cause de ses conférences secrètes avec le roi. D'où l'atroce vengeance de la Saint-Barthélemy, dont il fut la première victime (24 août 1572).

Gaspard de Coligny avait épousé Charlotte de Laval qui lui donna huit enfants. Ce fut le plus jeune, Charles, marquis d'Andelot et de Saint-Brisson, qui hérita de la terre de Dammarie, ainsi qu'il appert notamment d'un ban de moulin de Dammarie consenti par ledit sieur d'Andelot (1598) à Noël Guérin et Edme Loiseau, d'un bail du 26 juillet 1612 de la terre de Dammarie à Samuel Barbin et à Pierre Rabault, moyennant 1,800 francs et autres charges.

Charles de Coligny, marquis d'Andelot, épousa Humberte de Chastenay, veuve du sire de Vinti-

traint de vendre ses biens. C'est alors que Gaspard de Coligny acheta la terre des Èves. La sentence de saisie du bailliage est datée du Châtelet de Montargis, 12 juillet 1552.

mille, Charles d'Andelot étant venu à mourir, Humberte vendit Dammarie et Batilly, tant en son nom qu'en celui de son fils, à Augustin Fraguier, moyennant cinquante mille francs. L'acte est du 15 octobre 1632.

Ainsi la terre, domaine et château de Dammarie quitte la Maison de Coligny pour passer à la Maison de Fraguier de Rouville.

MAISON DE FRAGUIER DE ROUVILLE, BARONS ET COMTES DE DAMMARIE.

XVII° siècle.

Augustin Fraguier, chevalier comte de Rouville, sieur de Château-Fraguier et autres lieux, était gentilhomme de la Maison de Gaston d'Orléans. Il était connu, au régiment des gardes dont il était capitaine, sous le nom tout court de Dammarie. C'était un homme de valeur et un érudit. On a de lui une *Histoire de la prise de Dunkerque.*

La seigneurie de Dammarie fut, en sa faveur, érigée en Baronnie, par lettres royales du 19 juillet 1645, sur la proposition du duc de Bourbon. La sentence en fut inscrite au bailliage de Montargis, le 16 décembre 1649.

Augustin Fraguier épousa Françoise de Rivière dont il eut deux fils, François et Florimond. Le premier périt au siège de Lens et, en sa mémoire, on érigea à l'époque dans le sanctuaire de l'église une plaque de marbre sur laquelle on lit : « A la mémoire « du deffunt messire François Fraguier, chevalier « baron de Dampnemarie et de Batilly-en-Puisaye,

« lieutenant au régiment des gardes du Roy, mort
« à la bataille de Lens, donnée le 20 août 1648,
« dont le corps gît à Lens en l'église des Récollets.
« M. Augustin Fraguier, chevalier comte de Rou-
« ville, de Château-Fraguier, de Grange-sur-Aube,
« baron de Batilly et Dampnemarie-en-Puisaye,
« gentilhomme de la Chambre du Roy et escuyer
« ordinaire de Mgr le duc d'Orléans et dame
« Françoise de Rivierre, son épouse, ses père et
« mère, ont fondé à perpétuité un service de trois
« grand'messes et vigiles la veille, lequel service
« sera dit le 20 août et pour iceluy a fondé 12 livres
« dont sera payé au premier curé 30 sous, à chacun
« des prêtres 20 sous, aux marguilliers 10 sous et
« le surplus à l'église, à charge qu'elle fournira le
« luminaire, pain et vin. »

Florimond était officier au même régiment que
son frère. Il épousa Elizabeth Brizard, de vieille
famille parlementaire; puis en secondes noces
Marie de Châtillon, veuve de sire d'Angennes, marquis de Puigny.

Augustin Fraguier avait un parent, alors curé de
Dammarie, et qui portait le nom d'Isaac Fraguier.
Cette parenté du prêtre et du seigneur attira sans
doute une plus grande sollicitude sur le bâtiment et
l'entretien de l'église fort modeste alors, dépour-
vue d'architecture extérieure et de clocher. Un bâti
en bois au pied de l'église supportait la cloche sur
laquelle on lit : « *Je fus faicte pour l'église de
Dame Marie en Puisoie. Fut parrain Jaques*

Filippe Chatron et Potentienne Thalie, marraine,
1580. »

Y eut-il à cette époque quelques restaurations
à l'église ? C'est assez supposable, sachant la
grande piété et les libéralités de toutes sortes des
Fraguier de Rouville. Déjà, par les archives du château, l'on sait qu'ils achetèrent un enclos pour la
cure. Ils constituèrent une rente perpétuelle de
quinze livres pour la fondation d'un service mor-
tuaire pour les défunts de la famille. L'acte du
20 octobre 1702 stipule que cette rente « ne saurait
être rachetée par aucun héritier, ayant cause ou
successeurs pour quelque motif que ce soit ».

A juger par les apparences, les travaux de l'église
durent toutefois être peu importants. La nef et le
chœur ne sont pas de même époque, cela est appa-
rent; et le chœur de l'église, de style du XIIIᵉ siècle,
a été lui-même édifié en travers de la première chapelle prieurale ou seigneuriale, laquelle est d'une
incontestable ancienneté et qui sert maintenant de
sacristie.

Les nouveaux seigneurs de Dammarie furent les
proches témoins d'un fait militaire dont le dénoue-
ment eut lieu précisément aux confins de la seigneurie. Nous voulons parler du combat entre
Turenne et Condé vers la fin de la Fronde, et qui
prit dans l'histoire le nom de combat de Bléneau,
parce que la première partie de l'action eut en effet
lieu près de Bléneau.

Ce combat a été raconté dans nombreux mé-

moires, mais la copie du rapport du maréchal de
Goncourt témoin de l'action nous ayant été mise
sous les yeux, nous croyons intéressant de relater
brièvement ici le dernier acte de ce fait militaire
qui d'ailleurs est le seul qui se soit passé dans le
pays.

A la suite des premiers engagements, près de
Rogny et Bléneau (6-7 avril 1652), retiré en pleines
gâtines de La Chenanderie, Turenne, soit qu'il
jugeât qu'il ne pouvait s'y maintenir, soit par
feinte et pour attirer Condé, fit reculer ses troupes
entre les étangs de Champoulet, le long de la levée
de l'étang de la Thuilerie, proche de Dammarie.

Se gardant bien de faire occuper les bois de
crainte d'être engagé malgré lui, il se tient dans le
défilé avec sa cavalerie, marchant au pas et simu-
lant une retraite.

Six escadrons de M. de Beaufort s'apprêtent à les
poursuivre avec l'intention apparente de les char-
ger et de les acculer dans un fond qui ne révélait
pas d'issue.

Turenne avançait toujours dans le défilé.

Un instant, Beaufort hésite. Il va, revient, s'ar-
rête... mais il allait marcher, quand soudain le
Vicomte fait volte face et tombe furieusement sur la
tête de colonne ennemie qui culbute embourbée
dans le ru de l'étang.

Ce coup de maître hâte le désordre et, dans la
mêlée, Turenne harcèle avec acharnement.

Sitôt que le Prince a saisi cette manœuvre habile,

vite il dépêche à M. de Beaufort de se rabattre au plus tôt. Certes, il ne soupçonnait pas l'armée royale en si bonne position. Il dit au maréchal de Clinchamps d'ouvrir ses troupes pour démasquer les batteries qu'il amenait, et on fit feu de toutes pièces.

Mais, du haut de la levée, l'artillerie de Turenne avait l'avantage et était mieux servie. « Les coups de fauconneaux portaient si bien, raconte le maréchal de Gaucourt, qu'ils tenaient en respect, d'une part, les mousquetaires de Condé qui n'osaient point se découvrir, et de l'autre, la cavalerie qui ne savait plus se mouvoir. »

Le reste de la journée se continua en légères escarmouches et en ripostes de coups de canon.

Ce fut toute la fin du combat.

Le comte de Maré y mourut de ses blessures, ainsi que le lieutenant-colonel de La Tour et le marquis de la Chaise. M. de Nemours y fut blessé légèrement.

Vers le soir, l'inquiétude augmentait dans l'entourage de Turenne. On était sans nouvelles de la réserve. D'Hocquincourt n'arrivait pas.

« Si l'armée d'Orléans a fermé ses portes au roi, dit Turenne, quand son armée n'avait pas encore subi d'échec, aucune ville ne me reverra vaincu et fugitif. Vous le voyez, Messieurs, il faut vaincre ou mourir ici (1). »

D'autre part Condé était indécis. Il lui était diffi-

(1) *Ramesay*, liv. III, p. 245.

cile de ne pas arrêter ses troupes surmenées depuis trois jours.

Turenne le pensait bien, et il jugeait que son ennemi coucherait sur ses positions ; toutefois le lendemain, dès l'aube, il s'attendait à une attaque d'autant plus vive que le Prince aurait meilleure connaissance du lieu.

La nuit, comme les renforts n'arrivaient pas, sans réserves sur l'arrière, il était à craindre d'être tourné, pris à revers et de front. La persistance dans l'audace pouvait tout perdre, il fallut lever le camp et retraiter sur Gien et Briare.

En cours de marche, survient le maréchal d'Hocquincourt, qui s'était égaré et avait donné dans les gardes de Condé. Il était de fort mauvaise humeur naturellement et s'en prenait, dit le Maréchal de Goncourt, à tout et à tous de sa mésaventure.

Turenne fut patient. « Ce pauvre maréchal est si affligé, disait-il, qu'il lui est permis de se plaindre. »

Un monument commémoratif du combat est élevé sur la hauteur qui domine le défilé et près de la levée monumentale qui retient le grand étang de la Thuilerie.

Le bruit du combat dut émotionner d'autant plus vivement les Fraguier de Dammarie qu'il réveillait leurs sentiments de douleur au sujet de leur fils aîné qui avait péri au siège de Lens, cinq ans à peine avant cet événement.

Le second fils, Florimond, qui était à l'armée, eut

quatre enfants dont deux d'Elizabeth Brizard qui nous sont connus : Louis-Augustin Florimond, comte de Dammarie, lequel épousa Mlle de Tinière et mourut tard sans postérité (1721), et Claude-François devenu à la mort de son frère aîné seul héritier de ses biens, ainsi qu'il résulte d'un arrêt du Parlement du 29 août 1722.

Claude Fraguier fut un personnage remarquable. Bien qu'il n'ait possédé Dammarie que peu de temps, car il ne reçut cet héritage que dans ses vieux jours, il est impossible de ne pas signaler ses titres.

Dammarie ne fut pour lui, hélas ! qu'un fardeau. Ne pouvant s'occuper de la gestion de ses biens, il les confia à un intendant qui fut incapable ou malhonnête et qui compromit sa fortune en l'engageant dans des procès onéreux qui le ruinèrent complètement.

Claude Fraguier était né à Paris, le 28 août 1866. Il devint poète, littérateur et fut membre de l'Académie française.

Élevé chez les Jésuites, dès l'âge de huit ans, il se fit remarquer par son esprit cultivé. Les pères l'affectionnaient beaucoup. A la fin de ses études il entrait au noviciat. Il n'avait alors que 17 ans.

Admis dans la Compagnie, il fut envoyé au collège de Caen pour y enseigner les humanités. Là il trouva Segrais et Daniel Huet et se lia avec eux. C'était une aimable communauté de sentiments littéraires dont il fit grand profit. Sa verve variait à l'infini, comme un autre Protée. Versé également dans les littératures anciennes, il écrivait aussi facilement le grec et le latin. Il connaissait l'italien, l'espagnol, l'anglais.

Le succès de ses œuvres émut ses directeurs. Claude Fraguier préféra s'affranchir, quitta les Jésuites à 28 ans, mais sans cesser de garder l'estime de ses anciens maîtres. C'est alors qu'il fit la connaissance de Mme de Lafayette et de Ninon de Lenclos, qui tenaient le premier rang parmi les beaux esprits et le façonnèrent au style élégant sans affectation. Ninon de Lenclos était alors d'un âge où les seules séductions qui pussent demeurer étaient dans la finesse exquise de son esprit.

En 1705, l'abbé Fraguier remplaça M. Vaillant à l'Académie des inscriptions et belles-lettres. Trois ans après, il fut admis à l'Académie et occupa le fauteuil de Mgr Colbert, archevêque de Rouen.

Le chancelier de Pontchartrin l'avait nommé censeur royal. Il collabora au *Journal des savants*.

Comme il travaillait jusqu'à des heures avancées de la nuit, il lui arrivait, l'été, de laisser ses fenêtres grandes ouvertes. Or un refroidissement le saisit, lui paralysa les muscles du cou et, malgré les soins, sa tête resta désormais désagréablement penchée sur l'épaule.

Son ardeur à l'étude ne voulut pas souffrir de cette infirmité, et on le trouvait d'une main soutenant sa pauvre tête inclinée et de l'autre écrivant ses livres. Ceux qui le fréquentaient admiraient sa résignation, son égalité d'âme, sa droiture de caractère, non moins que ses talents. (Voyez Niceron, tome III. *Bibliothèque nationale*.)

Claude Fraguier a composé beaucoup de savants ouvrages qu'il serait trop long d'énumérer ici. Il faut nous restreindre à ce court éloge, bien que, à propos de ses œuvres, il eût été agréable de causer littérature. Les matériaux abondaient et c'était une tentation d'abdiquer un instant la monotonie et la sécheresse inévitable de ce travail sommaire; mais notre plan restreint ne le comportait pas.

Le pauvre abbé Fraguier, ruiné, fut contraint de vendre Dammarie à Jacques de La Rivaudais, conseiller du roi, etc., par acte du 16 août 1727. Il vendit en outre tous ses droits de haute, basse et moyenne justice des fiefs de Thou, Champoulet, la Gentillerie, Maillebois et la Veuillarderie, relevant de la Baronnie de Dammarie, pour le prix de 5,000 francs, à un sieur Hérault et à Mme Bourdon; pour 4,000 francs, au sieur Gaillard; pour 600 francs, au marquis de Falaiseau et pour 3,000 francs à l'abbé de Saint-Remy. Autant de dettes que son intendant lui avait fait contracter.

Claude Fraguier mourut presque subitement d'une attaque d'apoplexie, le 5 mai 1728.

JACQUES DE LA RIVAUDAIS
ET MARIE CAVELIER DE LA RIVAUDAIS

Jacques Jamet de La Rivaudais était marié sous le régime de communauté avec Marie-Guyanne Cavelier. Il semblerait que ce fut comme placement de l'apport de sa femme que La Rivaudais fit l'acquisition de Dammarie ; car celle-ci obtint une procuration de son mari pour se départir de cette terre, sous une raison qui est inconnue. Marie Cavelier de La Rivaudais revendit, au bout de peu de temps, la terre et château de Dammarie à Mme Noguez de la Garde.

Mme NOGUEZ DE LA GARDE

Par acte de vente du 12 août 1732, Mme de la Garde, veuve en premières noces du chevalier Noël Danican, sieur de Landivisiau, acheta Dammarie avec l'acquiescement de son fils du premier lit. Mais une clause portait qu'à défaut de paiement de 140,000 francs en quatre ans, le sieur de La Rivaudais se réservait de reprendre Dammarie en pleine jouissance de propriété (1). Ce qui arriva.

LES JAMET DE LA RIVAUDAIS ET DE VILLEBAR

Mme de la Garde et son fils Danican de Landivisiau n'ayant pu tenir leurs engagements, M. de La Rivaudais reprit Dammarie. Ce ne fut pas sans procès. Nous ignorons combien de temps il fut pendant, mais dans son cours vinrent à décéder Jacques de La Rivaudais et Mme Noguez de la Garde. Restaient en présence Marie Cavelier, Jamet de La Rivaudais, son beau-frère Florian Jamet de Villebar, et d'autre part, Danican.

(1) *Archives privées de Dammarie.*

Marie Cavelier, veuve de Jamet La Rivaudais, se remaria avec François Oger, président au Parlement de Paris. Redevenue possesseur et propriétaire de Dammarie aux fins de l'instance, elle résolut encore de s'en départir. Survient alors comme acqué-reur la Société du canal de Briare.

SOCIÉTÉ DU CANAL DE BRIARE

Cette Société, dont les membres s'intitulaient *Messeigneurs du canal de Briare*, passait pour une des premières grandes entreprises en commandite de l'époque. Elle employait ses bénéfices, dans un but de spéculation, en placement de fonds sur les domaines riverains du canal. Ce qui leur permet-tait en outre d'établir leurs rigoles d'amenée d'eau ou leurs déversoirs, en évitant d'autres difficultés de servitude.

Cette grande entreprise du canal, commencée sous Henri IV en 1604, avait été délaissée. Or elle avait été reprise et couronnée de succès en 1642.

La vente de Dammarie fut donc consentie : 1° par acte de transfert des 8–16 avril 1737, de Jean-Fran-çois Ogier et de son épouse Marie Cavelier, veuve de La Rivaudais, à la Société du canal « pour la somme de 50,000 francs, faisant moitié de celle due sur une année de loyer de la terre, plus les intérêts 3 °/₀ de la somme de 533 francs 3 sous 6 deniers faisant moitié de 1,166 francs 7 sous, prix du mobi-lier ; 2° par un autre transfert du 14 août 1737, de Julien-Florian Jamet de Villebar, conseiller du roi,

légataire universel de son frère Jacques Jamet de
La Rivaudais, à Messeigneurs du canal de Briare
pour l'autre moitié des créances dues par la succession et les héritiers de Mme de la Garde sur le prix
d'acquisition de Dammarie et Batilly.

Le 15 août 1740 et le 23 mars 1743, quittances
furent données auxdits seigneurs du canal par la
princesse de Conty de 2,400 francs pour les droits
de quint et requint ou profits divers dus à S. A. S., à
cause de l'adjudication qui leur a été faite par
arrêt du Parlement (26 juin 1739) des terres de
Dammarie et Batilly relevant de son comté de Sancerre.

Durant un siècle et treize mois (1737 à 1738), le
domaine, terres et château de Dammarie restèrent
la propriété de la Compagnie du canal.

Aucun fait n'est à signaler pendant cette longue
période. Le château délaissé se détériora, si l'on en
juge par les restaurations que l'on dut y faire par la
suite.

LA FAMILLE DE LONGTHUIT

Par vente des 23-29 mai 1838, la Compagnie du
canal céda à M. Alexandre-Emmanuel Le Filleul de
Longthuit le château et dépendances en bois, étangs
et cultures pour deux tiers, le surplus à Mme Gene-
viève-Angélique-Julie Dufay, son épouse.

La terre de Dammarie contenait alors, y compris
l'étang de la Balourde, huit cent quatre-vingt-huit
hectares, trente-huit ares, cinquante-trois centiares.

Agrandie depuis par les nouveaux acquéreurs, la contenance est devenue de mille à onze cents hectares.

La famille de Longthuit est originaire de Normandie. Le château d'Ambourville, sur les bords de la Seine, lui appartenait. La passion des chasses attira M. de Longthuit dans les pays giboyeux de La Puisaye et il désira s'y fixer pour s'y livrer à ses goûts de vénerie. Sans se départir de la terre d'Ambourville, les de Longthuit préférèrent Dammarie, qu'ils restaurèrent. On installa un chenil et les dépendances nécessaires pour contenir les chiens et les chevaux d'équipage. Mais, en 1848, les troubles révolutionnaires inquiétèrent le pays et le rendaient peu sûr au milieu des bois et des chemins non encore améliorés ; car les routes étaient à ce point défoncées et bourbeuses que l'on avait grande peine à accéder en voiture au château. Il fallut se barricader dans la forteresse contre les vagabonds, et les souvenirs de ces temps d'émeute sont encore présents dans la mémoire de Mme de Longthuit, douairière, actuellement châtelaine de Dammarie.

M. Raoul de Longthuit, fils de M. et Mme Alexandre de Longhuit, épousa Mlle d'Ernemont, châtelaine actuelle, dont nous venons de parler. Tous deux s'adonnèrent passionnément à la grande chasse, découplant dans leurs bois ou en forêt de Saint-Fargeau, et se joignant à l'équipage de leur ami le marquis de Boisgelin.

Très accueillant, d'une amabilité parfaite, d'une

intelligence fine, avec beaucoup d'esprit, très pratique dans ce qu'il faisait et dans ses conseils, il était fort aimé de ceux qui l'approchaient.

L'intérieur du château a été refait en grande partie par ses soins, avec un goût qui s'harmonise avec le style extérieur. Les dessus de portes du salon représentent de beaux portraits des Coligny. Sur les poutrelles en saillie du plafond de la salle à manger on lit les principaux écussons des seigneurs qui ont possédé Dammarie, tels l'écusson du comte Saladin d'Anglure : *d'or semé de grillets d'argent métal sur métal alternés de croissants et découpures de gueules;* le blason de la Maison de Braque : *d'azur à la gerbe d'or liée de gueules;* le blason des Courtenay : *de gueules à trois besants d'or* ; le blason des Coligny : *de gueules à l'aigle éployé d'argent;* celui des Coligny-Saligny : *de gueules à trois tours d'argent;* le blason de Fraguier : *d'azur à la fasce d'argent accompagné de trois grappes de raisins d'or ;* les armes de la Société du canal de Briare : *d'or à trois bandes ondulées d'azur*, et enfin les armes des Longthuit : *d'azur au lion d'or à la tierce en fasce de même brochant sur le lion et au franc canton d'or brochant sur la première pièce de la tierce.*

M. Raoul de Longthuit fut victime d'un accident de voiture en se rendant en chasse. Projeté malheureusement sur la tête, il fut ainsi bien péniblement enlevé à la grande affection des siens et de ses amis, le 14 octobre 1872.

Son fils Emmanuel se préparait alors à entrer au Conseil d'Etat. Il dut renoncer à sa carrière pour venir se fixer auprès de sa mère. Peu de temps après, il épousait Mlle Doynel de La Sausserie, d'ancienne famille de Normandie. On lit en effet dans le *Nobiliaire de Normandie* (E. de Magny, tome I p. 249 et s.) qu'un Doynel accompagnait Guillaume le Conquérant à la bataille d'Hasting (1066). Robert Doynel figure dans une charte de Robert de Normandie (1089). Les rôles de l'Echiquier font connaître William Doynel au bailliage de Caux et Robert Doynel à celui de Caen (1198). Un Claude Doynel épousa, en 1589, Charlotte de Bauves, dont la grand'mère, Marguerite de Dreux-Brouard, épousa Jacques de Guiny, qui descendait en ligne directe de Louis VI dit le Gros, roi de France.

Imitant et poursuivant la tradition de bienfaisance laissée dans le pays par les Fraguier de Rouville, les nouveaux châtelains ont entre autres libéralités créé une école de filles près du château, puis ils ont contribué avec les habitants du village, et pour la majeure part, à la restauration de l'église tant à l'intérieur qu'à l'extérieur, car on édifie actuellement un clocher qui jusqu'alors avait toujours fait défaut.

M. Emmanuel de Longthuit a trois sœurs, dont l'aînée a épousé M. le comte de Bray et habite près de Rouen, la seconde est mariée à M. le comte de Chaumontel, et la troisième a épousé M. de la

Groudière, propriétaire des châteaux du Dézert, de Soûle, d'Omonville, dans la Manche, et d'Ambourville, dans la Seine-Inférieure.

Il nous a été particulièrement agréable, étant donné notre vieille et fidèle amitié avec Emmanuel de Longthuit et par respectueux hommages envers sa famille, de tracer rapidement dans ces quelques pages la généalogie de ce vieux domaine aujourd'hui encore si noblement habité.

GABRIEL DE RUBERCY.

ORDRE GÉNÉALOGIQUE

de la Seigneurie de Dammarie-en-Puisaye

VI⁰ siècle. Saint Aunaire, évêque d'Auxerre.
Les évêques d'Auxerre qui se succédèrent (hypothèse).

XIII⁰ siècle. Narjod de Feins.

XIV⁰ siècle. Comtes de Sancerre.
Johanne de Villebéon, dame de Baudainville.
Jean Saladin d'Anglure.
Nicolas Braque.
Johan de Braque.
Blanchet de Braque et Johanne de Châtillon.
Johanne de Braque.

XV⁰ siècle. Jean de l'Hopital, par Johanne de Braque.
Pierre III de Courtenay, par Johanne de Braque.
Jean II de Courtenay dit Lourdun de Saligny,
par Johanne de Braque.
Jean IV de Courtenay, fils de Pierre III.
Catherine de Courtenay-Saligny.
Guillaume de Coligny, par Catherine de Courte-
nay-Saligny.

XVI⁰ siècle. Jacques de Coligny-Saligny.
Jean III de Coligny-Chatillon et Éléonore de
Courcelles.
Louise de Coligny dite de Dammarie-en-Pui-
saye.
Jacques II de Coligny et une fille de la maison
de Chabannes.
Gaspard de Coligny et Louise de Montmorency.
Gaspard II, amiral et maréchal de France, et
Charlotte de Laval.

xviiᵉ siècle. Charles de Coligny d'Andelot et Humberte de
    Chastenay.

    Augustin Fraguier comte de Rouville, baron
    de Dammarie, et Françoise de Rivierre.

    Florimond Fraguier comte de Rouville et de
    Dammarie, et Elizabeth Brizard.

xviiiᵉ siècle. Augustin-Louis-Florimond comte de Fraguier-
    Rouville et Dammarie.

    L'abbé Claude Fraguier, académicien.

    Jacques Jamet de La Rivaudais.

    Marie Cavelier Jamet de La Rivaudais, épouse
    du précédent.

    Mᵐᵉ Noguez de La Garde, et son fils Danican
    de Landivisiau.

    Jamet de la Rivaudais et Jamet de Villebar,
    avec Marie Cavelier Oger.

    La Compagnie du canal de Briare.

xixᵉ siècle. M. et Mᵐᵉ Alexandre de Longthuit.

    M. et Mᵐᵉ Raoul Le Filleul de Longthuit.

    Mᵐᵉ de Longthuit, douairière, et ses enfants,

283

IMPRIMEURS A ORLÉANS

www.ingramcontent.com/pod-product-compliance
Lightning Source LLC
Chambersburg PA
CBHW071004280326
41934CB00009B/2171